AF404730

DE LA
PREUVE DES REPRISES

SOUS LE RÉGIME DE LA COMMUNAUTÉ

DEPUIS LA LOI DU 29 AVRIL 1924

PAR

Henri CAPITANT

PROFESSEUR DE DROIT CIVIL A LA FACULTÉ DE DROIT
DE L'UNIVERSITÉ DE PARIS

———❦———

SOCIÉTÉ ANONYME
DU
RECUEIL SIREY
22, Rue Soufflot, PARIS, 5ᵉ
LÉON TENIN, Directeur de la Librairie
—
1925

IMPRIMERIE
CONTANT-LAGUERRE
BAR-LE-DUC

DE LA

PREUVE DES REPRISES

SOUS LE RÉGIME DE LA COMMUNAUTÉ

DEPUIS LA LOI DU 29 AVRIL 1924

DE LA

PREUVE DES REPRISES

SOUS LE RÉGIME DE LA COMMUNAUTÉ

DEPUIS LA LOI DU 29 AVRIL 1924

PAR

Henri CAPITANT

PROFESSEUR DE DROIT CIVIL A LA FACULTÉ DE DROIT
DE L'UNIVERSITÉ DE PARIS

SOCIÉTÉ ANONYME

DU

RECUEIL SIREY

22, Rue Soufflot, PARIS, 5ᵉ

LÉON TENIN, Directeur de la Librairie

1925

DE LA PREUVE DES REPRISES

SOUS LE RÉGIME DE LA COMMUNAUTÉ

DEPUIS LA LOI DU 29 AVRIL 1924 (1).

Par M. Henri Capitant,

*Professeur de Droit civil à la Faculté de Droit de l'Université
de Paris.*

---

1. — Combien l'art de légiférer est difficile! Voici une loi
qui a été préparée avec le plus grand soin par une commis-
sion de juristes : avocats, notaires, professeurs, discutée
par la Société d'études législatives, votée sans aucune
retouche par le Parlement et, à peine promulguée, elle
soulève maintes critiques. Les commentateurs ne s'accordent pas sur la façon dont il faut interpréter ses formules.
Que signifient les mots « suivant le droit commun » insé-
rés dans l'article 1499, 1er alinéa? Pourquoi le même article

(1) Bibliographie :
René Savatier, *Commentaire de la loi du 29 avr. 1924*, Lois nouvelles,
1924, 1re part., p. 337 et suiv.; Viatte, *Journ. des not.*, 1924, p. 425 et suiv.;
Besnard, *Revue du Notariat et de l'Enregistrement*, 1924, 1re part., p. 161
et suiv.; Lalou, *La pratique de l'inventaire dans les régimes de communauté depuis la loi du 29 avr. 1924*, Paris, Dalloz, 1925; Planiol et Ripert,
Traité pratique de droit civil français, t. VIII, *Régimes matrimoniaux*,
avec le concours de Marcel Nast, 1re part., p. 464 à 487, *adde*, p. 326 à 332,
417 à 426; Philippe Fargeaud, *De la preuve des reprises mobilières sous
le régime de la communauté*, thèse pour le doctorat, Paris, 1925; Maurice
Huré, *La preuve des reprises mobilières des époux d'après la loi du
29 avr. 1924*, Dalloz, 1925. Pour les travaux préparatoires de la loi, con-
sulter le *Bulletin de la Société d'études législatives*, 1921, *passim*; le
rapport de M. Morand, au Sénat, Doc. parl., Sénat, 1922, annexe n° 402,
p. 451; et de M. Cautru, à la Chambre des députés, Doc. parl., Chambre,
1924, annexe n° 7251, p. 525.

renvoie-t-il à l'article 1502 qui n'a pas trait, dit-on, à la preuve des reprises ? A quoi bon modifier l'article 1510 qui concerne, lui aussi, une autre situation, alors qu'on n'a pas touché aux articles 1416 et 1417 qui, dans le même cas, continuent à exiger la nécessité de l'inventaire ?

Voilà bien des reproches, mais ils sont grandement exagérés, ainsi que nous allons le montrer. Certes, la loi nouvelle n'est pas parfaite, mais il faut tenir compte de la complication de la matière. La question de la preuve se présente en effet ici dans des conditions différentes de celles du droit commun des obligations et les règles édictées par les articles 1315 et suivants du Code civil ne peuvent s'y appliquer purement et simplement.

Au surplus, l'utilité de la réforme réalisée par cette loi n'est guère discutable, ainsi que va le faire apparaitre la comparaison de ses dispositions avec celles qui étaient auparavant en vigueur, et les avantages du régime nouveau compensent largement, ainsi qu'on le verra, les quelques imperfections qu'on peut lui reprocher.

§ 1. — *Le régime antérieur à la loi du 29 avril 1924* (1).

2. — *La présomption de communauté.* — Rappelons tout d'abord le principe qui commande notre matière. Sous les

---

(1) En vue de faciliter au lecteur la compréhension des réformes réalisées nous croyons utile de reproduire ici l'ancienne et la nouvelle rédaction des articles modifiés.

<table>
<tr><td>

ANCIENS TEXTES

(Code civil de 1804
et Code de commerce de 1807).

Code civil, art. 1499. — « Si le mobilier existant lors du mariage ou échu depuis n'a pas été constaté par *inventaire ou état en bonne forme*, il est réputé acquêt ».

Code civil, art. 1510. — « La clause par laquelle les époux stipu-

</td><td>

NOUVEAUX TEXTES

(Loi du 29 avril 1924).

Art. 1499. — « Le mobilier existant lors du mariage ou échu depuis est réputé acquêt *sauf preuve contraire établie suivant le droit commun à l'égard des tiers.*

« *Entre époux la preuve est réglée par les articles 1502 et 1504* ».

Art. 1510. — « La clause par laquelle les époux stipulent qu'ils paie-

</td></tr>
</table>

régimes de communauté, tous les biens des époux sont présumés communs. Cette présomption nécessaire est

ANCIENS TEXTES
(Code civil de 1804
et Code de commerce de 1807).

lent qu'ils paieront séparément leurs dettes personnelles les oblige à se faire, lors de la dissolution de la communauté, respectivement raison des dettes qui sont justifiées avoir été acquittées par la communauté, à la décharge de celui des époux qui en était débiteur.

« Cette obligation est la même, soit qu'il y ait eu inventaire ou non, *mais si le mobilier apporté par les époux n'a pas été constaté par un inventaire ou état authentique antérieur au mariage les créanciers de l'un et de l'autre des époux peuvent, sans avoir égard à aucune des distinctions qui seraient réclamées, poursuivre leur paiement sur le mobilier non inventorié, comme sur tous les autres biens de la communauté.*

« *Les créanciers ont le même droit sur le mobilier qui serait échu aux époux pendant la communauté, s'il n'a pas été pareillement constaté par un inventaire ou état authentique* ».

Code de commerce, art. 560. — « La femme pourra reprendre en nature les effets mobiliers qu'elle s'est constitués par contrat de mariage ou qui lui sont advenus par succession, donation entre vifs ou testamentaire, et qui ne seront pas entrés en communauté, toutes les fois que l'identité en sera prouvée *par inventaire ou tout autre acte authentique*.

« A défaut par la femme de faire cette preuve, tous les effets mobiliers tant à l'usage du mari qu'à celui de la femme, sous quelque ré-

NOUVEAUX TEXTES
(Loi du 29 avril 1924).

ront séparément leurs dettes personnelles les oblige à se faire, lors de la dissolution de la communauté, respectivement raison des dettes qui sont justifiées avoir été acquittées par la communauté, à la décharge de celui des époux qui en était débiteur.

« Cette obligation est la même, soit qu'il y ait eu inventaire ou non ».

Art. 560. — « La femme pourra reprendre en nature les effets mobiliers qu'elle s'est constitués par contrat de mariage ou qui lui sont advenus par succession, donation entre vifs ou testamentaire, et qui ne seront pas entrés en communauté, toutes les fois que l'identité en sera prouvée *conformément à l'article 1499 du Code civil*.

« A défaut par la femme de faire cette preuve, tous les effets mobiliers tant à l'usage du mari qu'à celui de la femme, sous quelque régime qu'ait été contracté le ma-

énoncée par l'article 1402 du Code civil pour les immeubles et, pour les meubles, par l'article 1499, que les rédacteurs ont placé dans la section de la communauté réduite aux acquêts, pour la raison qu'il n'y a en principe de meubles propres que dans cette communauté, mais qui s'applique certainement à la communauté légale.

3. — *La preuve contraire.* — En vertu de cette présomption, chaque époux doit, lors de la dissolution du régime, faire la preuve du montant des reprises qu'il

<table>
<tr><td>

ANCIENS TEXTES

(Code civil de 1804
et Code de commerce de 1807).

</td><td>

NOUVEAUX TEXTES

(Loi du 29 avril 1924).

</td></tr>
<tr><td>

gime qu'ait été contracté le mariage, seront acquis aux créanciers, sauf aux syndics à lui remettre, avec l'autorisation du juge-commissaire, les habits et linge nécessaires à son usage.

</td><td>

riage, seront acquis aux créanciers, sauf aux syndics à lui remettre, avec l'autorisation du juge-commissaire, les habits et linge nécessaires à son usage, *et sauf l'action en reprise qu'elle pourra exercer comme créancière du mari, conformément aux dispositions du Code civil.*

</td></tr>
<tr><td>

Code de commerce, art. 563. — « Lorsque le mari sera commerçant au moment de la célébration du mariage ou lorsque, n'ayant pas alors d'autre profession déterminée, il sera devenu commerçant dans l'année, les immeubles qui lui appartenaient à l'époque de la célébration du mariage, ou qui lui seraient advenus depuis, soit par succession, soit par donation entre vifs ou testamentaire seront seuls soumis à l'hypothèque de la femme :

« 1° Pour les deniers et effets mobiliers qu'elle aura apportés en dot ou qui lui seront advenus depuis le mariage par succession ou donation entre vifs ou testamentaire et dont elle prouvera la délivrance ou le paiement *par acte ayant date certaine* ;

« 2° Pour le remploi de ses biens aliénés pendant le mariage;

« 3° Pour l'indemnité des dettes par elles contractées avec son mari ».

</td><td>

Art. 563. — « Lorsque le mari sera commerçant au moment de la célébration du mariage ou lorsque, n'ayant pas alors d'autre profession déterminée, il sera devenu commerçant dans l'année, les immeubles qui lui appartenaient à l'époque de la célébration du mariage, ou qui lui seraient advenus depuis, soit par succession, soit par donation entre vifs ou testamentaire, seront seuls soumis à l'hypothèque de la femme :

« 1° Pour les deniers et effets mobiliers qu'elle aura apportés en dot ou qui lui seront advenus depuis le mariage par succession ou donation entre vifs ou testamentaire et dont elle prouvera la délivrance ou le paiement:

« 2° Pour le remploi de ses biens aliénés pendant le mariage;

« 3° Pour l'indemnité des dettes par elle contractées avec son mari ».

</td></tr>
</table>

réclame à titre de propres parfaits ou de récompenses.

S'il s'agit d'immeubles propres, cette preuve est facile à administrer et ne donne pas lieu en pratique à contestation, car l'époux n'a pas de peine à établir l'origine de sa propriété. Aussi, le Code civil a-t-il jugé inutile d'établir, en ce qui les concerne, de règles particulières.

Pour les meubles, au contraire, l'article 1499 avait édicté une règle sévère, aux termes de laquelle l'époux ne pouvait prélever le mobilier lui appartenant lors du mariage ou à lui échu depuis, qu'autant que ce mobilier avait été constaté par inventaire ou état en bonne forme.

4. — *Précédents historiques*. — Cette exigence constituait une innovation créée par les rédacteurs du Code pour protéger les créanciers de la communauté contre l'éventualité des fraudes dont ils pouvaient être victimes.

Il paraît bien établi que, dans notre ancien Droit, au xviiie siècle tout au moins, les époux, qui avaient des reprises mobilières à exercer contre la communauté, étaient autorisés à en faire la preuve librement, même à l'encontre des créanciers communs.

Pour les régions de régime dotal avec société d'acquêts, Salviat [1] et Roussilhe [2] nous disent que la femme était en droit d'invoquer des témoignages et de simples présomptions pour établir ses apports mobiliers et détruire la présomption favorable aux créanciers du mari.

Dunod nous apprend que la même règle était admise en Bourgogne, où le régime légal était la communauté réduite aux acquêts [3].

Dans les pays de la Coutume de Paris et de la Coutume d'Orléans, la preuve était encore plus facile à administrer. Dans ces pays, où le régime légal était la communauté des meubles et acquêts, la question ne pouvait se poser que

---

(1) *Jurisprudence du Parlement de Bordeaux*, v° *Acquêt*, p. 5 et 7.

(2) *Traité de la dot*, t. I, ch. xii, sect. ii, n° 275, *in fine*.

(3) *Observations sur la Coutume du Comté de Bourgogne*, titre *Des gens mariés*, ch. vii, sect. i, art. 14, n° 6.

pour les époux qui inséraient dans leur contrat de mariage une clause de réalisation de tout ou partie de leur mobilier présent et futur. Les auteurs du XVIII° siècle déclarent qu'en principe ce mobilier doit être constaté par inventaire, mais ils se hâtent d'ajouter qu'à défaut d'inventaire, les époux peuvent en faire la preuve par des présomptions et des témoignages et même par une enquête de commune renommée. Et, d'après Pothier (1), ce dernier procédé si fragile, aujourd'hui uniquement réservé à la femme, était admis même en faveur du mari.

Pour bien juger des conséquences de cette pratique, il importe de se rappeler que la clause de réalisation ne donnait pas aux meubles réalisés le caractère de propres parfaits. Ces meubles tombaient, comme les autres, en communauté, et, par conséquent, l'époux n'avait qu'un droit de créance à faire valoir au moment de la dissolution. La femme ne pouvait donc pas les reprendre en nature au détriment des créanciers de la communauté; elle venait simplement en concours avec eux (2). Ajoutons que les

(1) *Introduction au titre X de la Coutume d'Orléans*, ch. II, art. 2, § 1, n°° 45 à 48; *Traité de la communauté*, n° 300. Conf. Lebrun, *Traité de la communauté*, l. 3, ch. II, sect. II, dist. V, n° 55.

(2) Pothier, *Traité de la communauté*, n°° 325 et 365.

M. Fargeaud a soutenu, *op. cit.*, p. 76 et suiv., que la clause de réalisation ne produisait aucun effet à l'égard des créanciers et ne s'appliquait que dans les rapports des époux. D'après lui, seule, la clause de séparation de dettes, qui accompagnait ordinairement la clause de réalisation, était opposable aux créanciers de la communauté, mais elle ne le leur était que si le mobilier apporté par l'époux avait été constaté par un inventaire. M. Fargeaud prétend en effet que cet inventaire avait pour effet non seulement de permettre aux créanciers antérieurs au mariage de l'époux de saisir le mobilier apporté par lui, mais en outre, au moins quand il s'agissait de la femme, de soustraire le mobilier qu'elle apportait aux poursuites des créanciers de la communauté. Il en conclut que la femme ne pouvait exercer ses reprises à l'encontre des créanciers qu'en produisant cet inventaire.

Nous ne pouvons nous rallier à cette thèse. Tout d'abord, aucun de nos anciens auteurs ne nous dit que la clause de réalisation ne fût pas opposable aux créanciers de la communauté. Du moment que la femme était, en vertu de cette clause, créancière de ses reprises mobilières, elle devait nécessairement venir en concours avec eux. On peut citer du reste divers passages en ce sens (Ferrière, *Sur l'article 232 de la Coutume de Paris;*

apports mobiliers des époux étaient ordinairement de peu d'importance, car on sait que, à cette époque, la classe des meubles ne comprenait guère que des objets mobiliers corporels.

5. — *Le Code civil et le Code de commerce.* — Il est probable que ces facilités données à la femme pour faire la preuve de sa créance de reprise favorisaient les collusions des époux contre les créanciers de la communauté, et c'est sans doute parce qu'elles avaient provoqué des réclamations que les rédacteurs du Code civil ont abandonné ce système et imposé à l'époux qui veut exercer ses prélèvements l'obligation de produire un inventaire ou état en bonne forme (1). Mais en même temps qu'ils énonçaient cette obligation dans l'article 1499, les rédacteurs en limitaient la portée en insérant dans la section suivante, consacrée à la clause de réalisation du mobilier, un article (1504) qui, visant le mobilier échu aux époux durant le mariage, rappelle, lui aussi, qu'il doit être constaté par inventaire, mais autorise néanmoins les époux à recourir, à défaut d'inventaire, à d'autres moyens de preuve, et permet notamment à la femme de prouver la valeur de ses reprises par témoins et même par commune renommée.

Ces deux articles, 1499 et 1504, paraissaient donc contradictoires, mais la doctrine et la jurisprudence furent d'accord pour reconnaitre qu'ils ne visaient pas les mêmes

Bourjon, *Droit commun*, titre *De la communauté*, 7ᵉ p., ch. 2, sect. 10; Merlin, *Répert.*, vᵒ *Contribution*, nᵒ 2).

On ne peut pas davantage admettre, en l'absence de déclaration formelle en ce sens de nos anciens auteurs, que les créanciers de la communauté fussent privés, par l'effet d'une clause de séparation de dettes concernant la femme, du droit de saisir le mobilier inventorié apporté par elle. Comment, en effet, ce mobilier, qui tombait en communauté, aurait-il pu être soustrait à leur gage ? Au surplus, Pothier nous dit expressément le contraire : « La clause de séparation de dettes, déclare-t-il, n'a pas le même effet à l'égard de la femme. Elle ne peut pas, en représentant cet inventaire, empêcher que les créanciers du mari, quoique antérieurs au mariage, ne se vengent durant le mariage sur les meubles qu'elle a apportés à son mari, car ils appartiennent à son mari ». *Introduction au titre X de la Coutume d'Orléans, sur l'article 212.*

(1) V. à propos du Code de commerce, Locré, t. XIX, p. 562 et suiv.

hypothèses et qu'il fallait appliquer le premier, au cas où l'époux (en pratique, la femme) était en conflit avec les créanciers de la communauté, et le second, au cas où la question de preuve se débattait uniquement entre les époux ou leurs héritiers.

L'obligation pour la femme de prouver ses reprises par la production d'un acte authentique fut de nouveau consacrée en 1838, lors de la révision de la loi des faillites, dans l'article 560 du Code de commerce, d'après lequel la femme ne pouvait reprendre en nature ses propres mobiliers qu'à la condition d'en établir l'identité par inventaire ou tout autre acte authentique, et dans l'article 558, qui imposait la même obligation pour la preuve de l'origine des deniers provenant d'un propre.

6. — *Controverse au sujet de la preuve à l'encontre des créanciers.* — Mais la femme qui se trouvait ainsi en conflit avec les créanciers de la communauté (1), devait-elle toujours et dans tous les cas produire un acte authentique? N'y avait-il pas lieu de distinguer suivant qu'elle demandait à faire la preuve de son droit de propriété sur tels et tels effets mobiliers, auquel cas, elle soustrayait ces effets aux poursuites des créanciers, ou qu'elle réclamait simplement à titre de créancière la valeur de ses apports, cas où elle venait alors en concours avec les créanciers de la communauté? Sur cette question, une divergence persistante s'était produite entre la Cour de cassation et quelques cours d'appel, encouragées dans leur résistance par la doctrine et la pratique notariale.

La Cour de cassation, se fondant sur les articles 1499, 1510 du Code civil et 560 du Code de commerce, décidait que

____

(1) C'est toujours au sujet des reprises de la femme que le conflit se produisait en pratique. En effet, le mari ne peut pas exercer ses reprises au détriment des créanciers de la communauté, puisqu'il est toujours tenu personnellement envers eux. En ce qui le concerne, il ne pourrait y avoir conflit qu'entre lui et les créanciers personnels de la femme qui, après la dissolution de la communauté, ont action sur la part de leur débitrice dans les biens communs, mais à l'égard de ces créanciers, qui ne sont pas des créanciers de la communauté, le mari peut faire la preuve de ses reprises par les mêmes moyens qu'à l'égard de sa femme.

la femme, qui revendiquait comme propres certains meubles ou se portait créancière de sommes touchées par la communauté, devait faire la preuve par inventaire ou acte authentique soit de l'identité des meubles dont elle se prétendait propriétaire, soit de l'origine et du montant exact de sa créance.

Il ne suffisait donc pas que le notaire se contentât, comme cela arrivait trop souvent, d'indiquer dans le contrat de mariage la valeur globale des apports de la femme, tant en effets mobiliers qu'en deniers, sans joindre l'inventaire des effets mobiliers ni indiquer le montant des espèces. En présence d'une clause ainsi conçue, la Cour suprême déboutait la femme de sa demande, pour la raison qu'elle ne pouvait prouver ni son droit de propriété, ni sa créance, et elle ne lui permettait pas de se porter créancière pour une somme représentant la valeur globale de ses apports. De même, la femme échouait également quand elle réclamait des valeurs recueillies par elle au cours du mariage et dont l'origine n'était pas contestée, mais dont elle ne pouvait établir l'identité par un inventaire (1).

Ainsi, la femme se trouvait déboutée de sa demande dans des cas où pourtant aucun doute n'existait sur le bien fondé de sa réclamation, et où la sincérité de ses réclamations était reconnue par ses adversaires eux-mêmes.

Quelques cours d'appel avaient protesté contre la rigueur de cette solution, et invoqué les articles 1504 du Code civil et 563 du Code de commerce, qui, visant le cas où la femme fait valoir un droit de créance contre la communauté, lui permettent la preuve par d'autres titres que l'inventaire, mais jamais la Cour de cassation ne voulût admettre ce tempérament et, s'en tenant au texte des articles 1499 et 1510, elle continua, jusqu'à la veille de la loi nouvelle, à affirmer que la présomption qui fait réputer acquêt le mobilier existant lors du mariage ou advenu depuis, lorsqu'il n'a pas été constaté par un inventaire ou

(1) V. les exemples cités par Mᵈ Josselin dans son rapport, *Bulletin de la Société d'études législatives*, 1921, p. 157 et 158.

état authentique, doit être appliquée rigoureusement, quand elle est opposée à la femme par les créanciers du mari, et que l'expression « mobilier » employée par ces deux articles comprend aussi bien les sommes d'argent en valeur que les meubles proprement dits (1).

Malgré que la Cour de cassation eût affirmé sa doctrine dans une vingtaine d'arrêts, les procès continuaient, encouragés par la résistance de quelques cours d'appel et les protestations des praticiens qui s'ingéniaient à insérer dans les contrats de mariage des clauses destinées à écarter

(1) On a prétendu que la Cour de cassation exigeait l'inventaire détaillé même quand la femme réclamait une somme d'argent payée à la communauté, ce qui eut été absurde, car on ne peut pas inventorier des deniers. Mais jamais la Cour suprême n'est tombée dans cette exagération. Elle s'est contentée de dire que la femme devait prouver par acte authentique l'origine et la consistance exacte de la somme par elle réclamée. V. notamment l'arrêt du 8 janv. 1923 et celui du 22 nov. 1886. La distinction résulte du reste clairement de l'arrêt de la Chambre des requêtes du 26 avr. 1909 qui a décidé que, à l'égard des créanciers du mari, la femme séparée de biens pouvait réclamer une somme de 10.000 francs dont le contrat de mariage constatait l'apport avec référence à un acte authentique portant donation de la même somme faite par une tante à la future épouse.

Voici les principaux arrêts de la Cour de cassation rendus en cette matière, depuis un arrêt de la Chambre des requêtes du 24 avr. 1849, S. 49.1. 310 qui, lui, avait statué en sens contraire et décidé que la femme pouvait établir la consistance du mobilier autrement que par acte authentique : Civ. rej., 19 juin 1855, D. P. 55.1.305, S. 55.1.546; Req., 30 juill. 1872, D. P. 73. 1.241, S. 72.1.326; 16 janv. 1877, D. P. 78.1.265, S. 77.1.169; Dijon, 4 févr. 1884, S. 85.2.25, note Bufnoir, et Civ. cass., 22 nov. 1886, D. P. 87.1.113, note Guénée, S. 89.1.465, note Bufnoir; Req., 22 juill. 1889, D. P. 90.1.421, S. 93.1.405; Dijon, 14 mars 1896, Civ. cass., 15 mars 1899, D. P. 99.1.569, S. 1900.1.113, note Lyon-Caen; Req., 15 mai 1899, D. P. 99.1.298, S. 1900.1. 113; Req., 3 mars 1902, D. P. 1902.1.188, S. 1902.1.397; Civ., 29 déc. 1902, D. P. 1903.1.401, note Guénée; Req., 25 nov. 1903, D. P. 1905.1.505, note Capitant; Req., 2 mars 1904, D. P. 1904.1.615; Paris, 28 janv. 1904 et Civ. cass., 24 janv. 1906, D. P. 1908.1.357, note de Loynes, S. 1908.1.193. *Aff. Perrier c. Veuve Chauvel* : Paris, 27 nov. 1905; Civ. cass., 5 févr. 1908, D. P. 1908.1.358, note de Loynes, S. 1908.1.93; Orléans. 23 févr. 1910, D. P. 1911.2.345; Civ., 6 mai 1918, D. P. 1922.1.14, S. 1923.1.76; Bourges, 31 mai 1921, S. 1923.2.20. Civ., 5 févr. 1908, D. P. 1908.1.358, note de Loynes, S. 1908. 1.93; Req., 26 avr. 1909, D. P. 1912.1.165; Req., 1er août 1910, D. P. 1913. 1.2, S. 1911.1.319; Montpellier, 10 avr. 1906, Civ. cass., 3 janv. 1910, D. P. 1910.1.113, note de Loynes, S. 1912.1.145, note Wahl; Agen, 2 mai 1914, Civ. cass., 8 janv. 1923, S. 1923.1.76. — *Adde*, Agen, 24 mars 1902, D. P. 1903. 2.133, note Capitant.

l'application de l'article 1499 (1), mais sans réussir à atteindre ce but. Actuellement encore un troisième pourvoi formé dans l'affaire Perrier-Chauvel va amener la Cour de cassation à se prononcer, pour la première fois, toutes chambres réunies. Mais son arrêt qui, sans doute, sera conforme aux précédents, puisque la Chambre des requêtes et la Chambre civile ont déjà plusieurs fois statué de façon concordante, n'aura plus maintenant qu'un intérêt rétrospectif (2).

7. — *La loi du 29 avr. 1924.* — Sans rechercher quelle était la valeur respective des deux systèmes d'interprétation entre lesquels se partageaient la doctrine et la jurisprudence, contentons-nous de constater que la nécessité d'une réforme législative s'imposait. La solution consacrée par la Cour suprême sacrifiait les intérêts de la femme dans des espèces où, comme nous l'avons dit, il était avéré que sa demande ne cachait aucune fraude et où ses adversaires eux mêmes le reconnaissaient.

Pourquoi donc exiger un acte authentique, alors que la femme produisait d'autres modes de preuve dont la sincérité et la valeur probante étaient indiscutables? Pourquoi aussi ne pas se contenter de l'aveu des adversaires; est-il meilleure preuve que celle-là? Pourquoi faire retomber sur la femme les conséquences de la rédaction vicieuse du contrat de mariage ou de la négligence du mari? Pourquoi refuser de reconnaître effet à la clause, courante dans les contrats de mariage, portant indication de la valeur globale des effets mobiliers et deniers apportés par la femme? C'est en vain que les commercialistes opposaient l'intérêt des créanciers, l'éventualité des fraudes dont ils pouvaient être victimes. Il était possible, sans sacrifier cet intérêt, d'autoriser la femme à faire preuve par d'autres procédés qu'un acte authentique. Telles sont les raisons qui expliquent et justifient la loi du 29 avr. 1924.

8. — *Preuve des biens réservés.* — Le système du Code

<hr>

(1) Voir Fargeaud, thèse précitée, p. 136 à 151.

(2) A supposer que la Cour décide qu'il n'y a pas lieu d'appliquer la loi nouvelle (V. *infrà*, n° 34).

civil avait déjà subi du reste une première dérogation par l'effet de la loi du 13 juill. 1907, relative au libre salaire de la femme mariée. Cette loi a réglé la question de savoir comment la femme, qui a acquis des biens réservés, peut faire la preuve de la nature de ces biens tant à l'égard du mari ou de ses héritiers que des tiers, notamment au cas où elle renonce à la communauté (art. 5). Abandonnant la nécessité de l'inventaire et rejetant la distinction traditionnelle de la preuve à l'égard du mari et de la preuve à l'encontre des tiers, elle autorise la femme (art. 4) à établir la consistance et la provenance de ces biens par toutes preuves de droit, même par témoins, mais non par la commune renommée. Nous aurons à comparer ces dispositions, auxquelles la loi nouvelle n'a pas touché, avec celles qui régissent aujourd'hui la preuve des reprises des propres.

§ 2. — *Règles applicables depuis la loi du 29 avr. 1924.*

I. Immeubles. — II. Meubles. — Distinctions : 1° Preuve entre époux. — 2° Preuve à l'égard des tiers. — 3° Modification de l'article 1510 du Code civil et ses conséquences.

I. — Immeubles.

9. — *Immeubles existant au jour du mariage ou échus à l'époux durant le mariage.* — Comme nous l'avons dit déjà, la preuve des reprises immobilières n'a jamais donné lieu à procès entre la femme et les créanciers de la communauté. Le Code civil n'a pas jugé utile d'édicter ici des règles analogues à celles qu'il a établies pour les reprises mobilières. Il n'exige pas d'acte authentique à l'égard des créanciers; il ne facilite pas non plus la preuve au profit de la femme en présence du mari ou des héritiers du mari, comme il le fait dans l'article 1504. L'article 1402 qui édicte la présomption d'acquêt réserve simplement la faculté de la preuve contraire : « Tout immeuble, dit-il, est réputé acquêt de communauté, s'il n'est prouvé que l'un des époux en avait la propriété ou possession légale antérieurement au mariage, ou qu'il lui est échu depuis à titre de succession ou donation ».

Les rédacteurs du Code ont pensé que les règles du droit commun suffisaient, tant pour la femme que pour les créanciers. En effet, l'origine de la propriété des immeubles résulte presque toujours des actes écrits constatant l'acquisition des immeubles. Aussi ne relève-t-on dans les Recueils de jurisprudence que fort peu de décisions relatives à cette preuve (1).

C'est donc d'après les règles ordinaires que l'époux pourra établir qu'il avait acquis la propriété de l'immeuble antérieurement au mariage. En conséquence, s'il s'agit d'une parcelle dont la valeur ne dépasse pas 150 francs, il aura la faculté de prouver par témoins ou simples présomptions. Au-dessus de ce chiffre, il devra produire des titres écrits.

A défaut d'acte constatant l'acquisition de l'immeuble, il aura la ressource de prouver, ainsi que l'article 1402 l'y autorise, qu'il en avait la possession avant le mariage, ou qu'il la tient de ses auteurs. Or, la possession est un fait qui peut être établi par tous procédés, registres et papiers domestiques du défunt, témoignages, présomptions simples (2).

10. — *Immeuble acquis en emploi ou en remploi.* — Lorsque l'époux revendique un immeuble qu'il prétend avoir été acquis en emploi ou en remploi, il doit, conformément à l'article 1434, produire un acte mentionnant que l'acquisition a été faite de deniers personnels et pour tenir lieu de remploi. La femme doit, en outre, prouver qu'elle a accepté le remploi fait pour son compte, avant la dissolution de la communauté (art. 1435), car l'ac-

---

(1) V. Civ. cass., 4 mai 1825, S. chr.; Req., 29 déc. 1836, S. 37.1.437; Liége, 5 juin 1839, D. J. G., *Contrat de mar.*, 765; Dijon, 26 nov. 1857 et Req., 22 nov. 1859, D. P. 60.1.10.

(2) En ce sens, Liége, 5 juin 1839, précité; D. J. G., 233; Baudry-Lacantinerie, Lecourtois et Surville, t. I, n° 186.

2

ceptation postérieure à la dissolution serait inefficace (1).

Dans le cas où la femme revendique contre la faillite du mari des immeubles acquis en emploi de deniers propres lui provenant de successions, donations ou legs, l'article 558 du Code de commerce ne se contente pas de la déclaration d'emploi dans l'acte d'acquisition, il exige que la femme produise une preuve *par inventaire ou acte authentique* de l'origine des deniers employés. La loi nouvelle n'a pas supprimé cette obligation qui, cependant, est en contradiction avec le texte nouveau de l'article 1499. Nous reviendrons plus loin sur ce point.

II. — Meubles.

11. — *Application au régime de communauté légale.* — Il convient d'observer tout d'abord que la question de la preuve des reprises mobilières se pose ordinairement au sujet d'époux mariés en communauté d'acquêts, ou sous le régime dotal avec société d'acquêts, et c'est là ce qui explique, nous l'avons dit, la place donnée dans le Code à l'article 1499. Mais, même dans la communauté légale, il peut y avoir des meubles propres (2) et il ne faut pas hésiter, bien qu'on l'ait parfois contesté, à appliquer en ce cas l'article 1499, en raison de l'analogie des situations (3). A l'inverse, il n'y a pas lieu, ainsi que nous le dirons plus loin, d'étendre aux autres régimes matrimoniaux les règles édictées pour la communauté.

---

(1) Req., 2 mai 1859, D. P. 59.1.275; Angers, 18 mars 1868, D. P. 68.2.82. Il faut, d'autre part, que l'acceptation résulte, avec certitude et sans variation possible pour l'avenir, des expressions de l'acte (Civ., 26 juill. 1869, D. P. 69.1.455, S. 69.1.401 et, sur renvoi, Rouen, 23 févr. 1870, D. P. 71.2. 235).

(2) V. leur énumération dans Ambroise Colin et Capitant, 4e édit., t. III, p. 68.

(3) V. Baudry-Lacantinerie, Lecourtois et Surville, t. 1, n° 483; Ambroise Colin et Capitant, t. III, p. 208; Capitant, note sous Civ., 28 oct. 1908, D. P. 1909.1.169; Civ., 22 mars 1853, D. P. 53.1.102, S. 55.1.246; Paris, 13 janv. 1851, D. P. 54.2.93, S. 51.2.209.

12. — *Distinctions.* — Le nouvel article 1499 conserve la distinction traditionnelle entre le cas où l'époux, ou son héritier, qui réclame ses reprises, se trouve en présence de son conjoint ou de l'héritier de celui-ci, et celui où il est en conflit avec les tiers.

D'autre part, il convient de distinguer aussi, suivant que l'époux agit comme propriétaire ou comme créancier. S'il veut revendiquer certains objets, il doit faire la preuve de leur identité, — qu'il s'agisse de meubles corporels ou de titres au porteur, ou même de titres nominatifs —, avec ceux qu'il a apportés ou recueillis au cours du mariage. Quand il invoque un droit de créance (deniers versés à la communauté, meubles estimés, choses consomptibles, effets mobiliers et deniers apportés pour un chiffre global sans indication précise des uns et des autres), l'époux doit prouver l'origine de sa créance et le versement à la communauté (1).

Il y aura à tenir compte de cette double distinction au cours des explications qui vont suivre.

1° *Preuve entre époux (ou leurs héritiers).*

13. —*Renvoi aux articles 1502 et 1504.* — « Entre époux, dit l'article 1499, 2e alinéa, la preuve est réglée par les articles 1502 et 1504 ».

En ce qui concerne la preuve entre époux, on peut tenir pour certain que les rédacteurs de la loi de 1924 n'ont voulu en rien modifier les solutions adoptées par la jurisprudence et la doctrine (2). C'est une proposition qu'il ne faut pas perdre de vue pour interpréter sainement les deux articles auxquels ils ont ici renvoyé.

---

(1) Cette double preuve ne serait pas nécessaire, bien entendu, s'il s'agissait d'une récompense due par la communauté et ayant une autre cause que la réception de deniers ou d'effets mobiliers, par exemple, une obligation contractée par la femme pour les affaires de la communauté (art. 1431).

(2) V. Fargeaud, *op. cit.*, p. 245. Cons. *Bulletin de la Société d'études législatives*, 1921, p. 46, avant-dernier alinéa, p. 162 et p. 266, *in fine.*

Ces deux articles se trouvent dans la section traitant de la clause qui exclut de la communauté le mobilier en tout ou en partie. Il est logique de les appliquer à la communauté d'acquêts, puisque tout le mobilier présent et futur est exclu de celle-ci. Mais les articles de cette section, empruntés à nos anciens auteurs, visent principalement la modalité, aujourd'hui peu usitée, consistant à stipuler que le mobilier des époux deviendra commun jusqu'à concurrence d'une certaine somme. Par l'effet de cette clause, tout le mobilier tombe en communauté, ce qui était autrefois la règle, ainsi que nous l'avons dit (n° 4), mais, à la dissolution, « chaque époux a le droit de reprendre et de prélever la valeur de ce dont le mobilier qu'il a apporté lors du mariage, ou qui lui est échu depuis, excédait la mise en communauté ». Il reprend cet excédent à titre de créancier, par voie de prélèvement, conformément à l'article 1471.

Dès lors, les articles auxquels la loi renvoie sont insuffisants, puisqu'ils ne prévoient que les reprises en valeur, et il y a lieu de les compléter pour les reprises en nature.

Les modes de preuve autorisés par ces articles varient du reste suivant qu'il s'agit du mobilier présent ou du mobilier futur.

14. — A. *Mobilier présent.* — a) *Reprises en valeur.* — L'article 1502 qui, d'après la loi nouvelle, doit s'appliquer ici, ne traite pas, à proprement parler, de la question de la preuve des reprises. Il concerne la justification de l'apport que l'époux a promis à la communauté.

« Cet apport, dit-il, est suffisamment justifié, quant au mari, par la déclaration portée au contrat de mariage que son mobilier est de telle valeur. Il est suffisamment justifié, à l'égard de la femme, par la quittance que le mari lui donne, ou à ceux qui l'ont dotée ».

On a soutenu que cet article concerne uniquement la justification de la somme que l'époux a promis de mettre en communauté et n'a pas trait à la question toute différente de la preuve de la reprise que celui-ci prétend exercer, lorsqu'il soutient que l'ensemble de ses apports dépasse le montant de cette valeur (1).

Les rédacteurs de la loi de 1924 se seraient donc mépris sur le sens de cet article et l'auraient détourné de sa véritable signification en l'appliquant à la preuve de l'existence des meubles apportés par l'époux au moment du mariage. Mais ce reproche nous semble immérité, car ces deux preuves sont étroitement liées. En effet, quand les époux conviennent de mettre leur mobilier en commun jusqu'à concurrence d'une certaine somme, leur contrat de mariage mentionne toujours et nécessairement la totalité de l'apport fait par chacun d'eux, précisément afin de leur permettre de prélever l'excédent au moment de la dissolution de la communauté. Et de même, quand le mari donne quittance à la femme ou au constituant de la dot de la somme totale qu'ils lui ont versée, cette quittance ne justifie-t-elle pas de la valeur que la femme a le droit de reprendre à la dissolution ? Le contrat de mariage, de même que la quittance, prouve donc à la fois que l'apport promis a été effectué et que l'époux est en droit de réclamer l'excédent. Les rédacteurs du Code civil ont fort bien compris que la preuve de l'un des faits entraînerait celle de l'autre, et c'est pour cette raison que, dans l'article 1503, qui donne à chaque époux le droit de reprendre et prélever, lors de la dissolution de la communauté, la valeur de ce dont le mobilier qu'il a apporté lors du mariage excède la communauté, ils n'ont rien dit, au sujet de la preuve de ce prélèvement, pour le mobilier présent.

(1) En ce sens, Baudry-Lacantinerie, Lecourtois et Surville, t. II, n° 1311 ; Fargeaud, *op. cit.*, p. 242. La jurisprudence antérieure n'était pas bien fixée sur ce point. Un arrêt de la Chambre civile du 4 déc. 1894, D. P. 95.1.353, S. 98.1.497, *Cons. Sarazin c. Cattacrt*, avait décidé que, sous le régime de communauté d'acquêts, la mention portée au contrat de mariage par laquelle le mari déclarait apporter une somme de 100.000 francs en deniers, marchandises et ustensiles, sans indiquer la quotité des deniers, ni la nature et valeur des marchandises et ustensiles, ne pouvait suffire pour permettre à ses héritiers de faire cette reprise. V. dans le même sens, Paris, 21 juill. 1871, S. 72.2.301.

En revanche, un arrêt de Civ., 2 mars 1914, D. P. 1917.1.187, *Gaz. Pal.*, 7 mai 1914, semblait bien reconnaître force probante à l'article 1502 pour la preuve des apports des époux.

On peut du reste rapprocher de l'article 1502, l'article 563 du Code de commerce, qui, même en matière de faillite, admet que la déclaration de la réception de la dot par le mari en autorise la reprise par la femme. Ajoutons enfin, qu'avant la loi nouvelle, nombre d'auteurs, parmi lesquels il faut citer Rodière et Pont (1), Aubry et Rau(2), admettaient que la déclaration portée au contrat de mariage suffisait, dans les rapports des époux, pour autoriser le prélèvement de la somme à laquelle le mobilier apporté avait été évalué.

Quoi qu'il en soit, la question est aujourd'hui formellement tranchée par l'article 1499. Entre époux la preuve du mobilier présent se fera conformément à l'article 1502. Par conséquent, l'indication dans le contrat de mariage de la valeur du mobilier apporté par les époux, sous le régime de communauté d'acquêts, permettra à l'époux de réclamer une récompense égale à cette valeur. Toutefois, il y a lieu de tenir compte de la distinction que fait cet article. Pour le mari, cette déclaration suffira. Pour la femme, il faudra, en outre, fournir la preuve que le mari a bien reçu ce mobilier. Cette preuve résultera ordinairement de la mention de style que la célébration du mariage vaut quittance de la dot (3), ou de la quittance effectivement donnée par le mari à la femme ou aux constituants de la dot.

15. — *Silence du contrat de mariage.* — Il reste à prévoir le cas où le contrat de mariage ne ferait pas mention des apports. Faut-il conclure du renvoi de l'article 1499 que l'époux ne pourra employer aucun autre moyen de preuve que ceux indiqués par l'article 1502?

On l'a soutenu (4), mais nous ne pouvons nous rallier à

---

(1) *Traité du contrat de mariage*, t. II, n° 47.

(2) 5ᵉ éd., t. VIII, § 522, p. 311. Dans le même sens, Ambroise Colin et Capitant, 4ᵉ éd., t. III, p. 214.

(3) Dans ce cas, c'est au mari à prouver qu'en réalité la dot ne lui a pas été versée : Civ., 22 août 1882, D. P. 83.1.296, S. 83.1.25; 7 mai 1884, D. P. 84.1.285, S. 85.1.28; Req., 21 oct. 1913, S. 1914.1.390; Civ., 2 mars 1914, D. P. 1917.1.187, *Gaz. Pal.*, 7 mai 1914.

(4) Lalou, *op. cit.*, p. 32 et 34; Planiol, Ripert et Nast, *op. cit.*, n° 433, p. 476.

cette opinion, car elle nous paraît manifestement contraire à la volonté des rédacteurs de la loi de 1924. Cette volonté a été de consacrer, pour la preuve entre époux, les solutions antérieurement adoptées par la jurisprudence et non de restreindre les modes de preuve dont elle autorisait l'emploi. Or, les tribunaux ont toujours appliqué au mobilier présent, sans distinguer entre les reprises en valeur et les reprises en nature, le deuxième alinéa de l'article 1504 qui, visant le mobilier futur échu au mari, permet de suppléer au défaut d'inventaire par un titre propre à justifier de sa consistance et valeur, c'est-à-dire par toutes sortes d'écrits, même, d'après la jurisprudence, par les mentions portées sur les registres et papiers domestiques de l'époux lui-même ou de ses auteurs, lesquels ne font pas preuve ordinairement (art. 1331) pour celui qui les a écrits ou ses ayants cause (1).

Ainsi, il faut, croyons-nous, décider, conformément à la jurisprudence antérieure, que le mari et la femme pourront, à défaut de déclaration dans le contrat de mariage, ou, pour la femme, d'une quittance du mari, faire la preuve par tous écrits propres à justifier de la valeur de leurs apports mobiliers (2).

Ils pourront également se servir d'un commencement de preuve par écrit à condition de le compléter par des témoignages ou des présomptions.

Mais la loi ne les autorise pas à employer uniquement la preuve par témoins ou par présomptions. Cette prohi-

---

(1) Civ., 14 mai 1879, D. P. 79.1.420, S. 80.1.17 ; 29 déc. 1902, D. P. 1904. 1.401, S. 1903.1.186 ; Req., 1ᵉʳ août 1910, D. P. 1913.5.2, S. 1911.1.319.

(2) La loi se montre donc ici plus large qu'en matière de preuve des obligations puisqu'elle permet, d'après la jurisprudence, de produire même des écrits qui ne constatent pas la conclusion d'un acte juridique (par exemple, aussi, un simple inventaire commercial, Req., 30 juill. 1872, D. P. 73.1.241, S. 72.1.326), mais, d'autre part, pour ces écrits elle donne aux juges un pouvoir souverain d'appréciation de la foi qui leur est due, pouvoir qui n'existe pas quand il s'agit d'actes dressés pour constater une opération juridique. Le tribunal sera libre de dire, conformément à l'article 1504, si ces écrits sont « propres à justifier de la consistance et valeur du mobilier ».

bition résulte implicitement de l'article 1502 et plus clairement de l'article 1504 qui n'autorise ces modes exceptionnels de preuve que dans le cas où la femme réclame
du mobilier futur dont le mari a omis de dresser inventaire (1). Elle se justifie du reste parfaitement. Les époux,
la femme comme le mari, doivent, au moment du mariage,
se réserver une preuve écrite de la consistance et valeur de
leurs apports mobiliers, et le seul moyen de les y contraindre est d'écarter la preuve par témoins ou simples
présomptions qui, du reste, ne présente pas de suffisantes
garanties (2).

Ajoutons enfin qu'à défaut d'écrits, le demandeur pourra
invoquer l'aveu judiciaire de son adversaire ou lui déférer
le serment. Ce sont là, en effet, des modes de preuve qui
peuvent être employés pour toutes les contestations
(art. 1356 et 1358 C. civ.).

16. — *Preuve de la réception des deniers par le mari.* —
Une fois la consistance et la valeur de ses apports établies,
la femme devra encore prouver qu'ils ont été réellement
versés au mari. Par quels moyens le prouvera-t-elle? Cela
dépend. Si c'est elle qui a apporté sa dot, elle devra produire la quittance donnée par le mari ou, à défaut, invoquer les mentions portées sur les registres ou papiers de

---

(1) Civ., 20 août 1884, D. P. 85.1.312, S. 85.1.126.

(2) On a prétendu que la jurisprudence antérieure semblait permettre
l'emploi de la preuve par témoins ou présomptions même pour le mobilier
présent, parce que plusieurs de ses décisions laissaient aux juges du fait la
liberté d'apprécier tous les moyens fournis par les époux (V. Planiol, Ripert
et Nast, p. 469, note 2). Mais c'est interpréter d'une façon inexacte ces
décisions. L'arrêt de la Chambre civile du 20 août 1884, précité, montre
bien qu'il ne s'agit que des documents écrits : « Attendu, dit-il, que si
l'article 1499 ne reçoit une application littérale et rigoureuse qu'à l'égard
des créanciers, et que si, entre les époux, la loi n'a pas entendu interdire
de suppléer au défaut d'inventaire ou d'état en bonne forme du mobilier
par d'autres preuves dont l'appréciation appartient aux tribunaux,
l'administration de ces preuves n'en est pas moins soumise au droit commun, sans autre exception que celle qui résulte de l'article 1504 ». L'arrêt
de Req., 22 juill. 1889, précise du reste en disant qu'il peut être suppléé
à l'inventaire par *d'autres documents. Adde*, Req., 2 mars 1904, D. P.
1904.1.615 ; 1er août 1910, D. P. 1913.5.2, S. 1911.1.319; Civ., 2 mars 1914,
D. P. 1917.1.187.

celui-ci, ou enfin un commencement de preuve par écrit corroboré par des témoignages ou des présomptions. Mais si la dot a été constituée par un tiers, comme la femme est demeurée étrangère à sa réception, elle pourra, conformément à l'article 1348, en faire la preuve par tous moyens, mais non, bien entendu, par commune renommée (1).

17. — b) *Reprises en nature.* — La jurisprudence appliquait ici, par analogie, et il faut continuer à appliquer, le 2ᵉ alinéa de l'article 1504. A défaut d'énumération dans le contrat de mariage permettant l'identification des meubles revendiqués par l'époux, celui-ci pourra donc invoquer toutes sortes d'écrits propres à justifier de l'identité des effets qu'il prétend avoir apportés en se mariant et dont il veut faire la reprise en nature : acte de partage, compte de tutelle, inventaire sous seing privé, bordereaux d'agents de change, factures de commerçant constatant l'acquisition de ces objets, certificat d'immatriculation d'un titre nominatif au nom de l'auteur de l'époux ou du constituant de la dot, inventaire commercial, registres et papiers domestiques. En un mot, il pourra se prévaloir de tous écrits que les juges du fond estimeront présenter des garanties de sincérité suffisante (2). Mais il ne sera pas admis, en dehors du cas où il invoquerait un commencement de preuve par écrit, à prouver par témoins ou présomptions que les meubles qu'il revendique ont appartenu avant le mariage à ses auteurs ou à lui-même. On l'a soutenu cependant (3) en se fondant sur cette idée que la possession est un fait et peut être prouvée par tous moyens, mais la jurisprudence, nous l'avons dit, a toujours refusé d'admettre ici la preuve par témoins et avec raison, car il n'y a pas de raison pour autoriser la preuve par témoins au

---

(1) Civ., 8 juill. 1912, D. P. 1913.1.409, note Guénée, S. 1913.1.108.

La femme mariée en communauté ne peut se prévaloir de la présomption de paiement édictée par l'article 1569 du Code civil, et résultant du fait que le mariage a duré dix ans, car cette présomption, spéciale au régime dotal, ne peut être étendue aux autres régimes.

(2) V. Req., 1ᵉʳ août 1910, D. P. 1913.5.2, S. 1911.1.319.

(3) Viatte, *op. cit.*, nᵒ 7.

cas de reprises en nature, alors que les articles 1502 et 1504 l'écartent pour les reprises en valeur. La loi veut que les époux constatent leurs apports par écrit, ou, du moins, en fassent la preuve à l'aide d'écrits (1).

18. — B. *Mobilier futur.* — C'est l'article 1504 qui règle la preuve pour le mobilier qui échoit aux époux pendant le mariage et, bien qu'il ne vise que les reprises en valeur, il ne faut pas hésiter à l'appliquer, ainsi que le décidait la jurisprudence, aux reprises en nature. L'article 1499 nouveau, qui renvoie à cet article, ne distingue pas du reste entre les unes et les autres. Il est donc inutile de les étudier séparément, comme nous l'avons fait pour le mobilier présent. Il faut pourtant observer que les reprises en nature supposent que l'époux établit son droit de propriété sur tels et tels biens déterminés, et que, d'autre part, quand il s'agit de reprises en deniers, l'époux doit non seulement en prouver la valeur mais le versement à la communauté.

Ceci dit, voici quelles sont les règles énoncées par l'article 1504. En principe, le mobilier qui échoit à l'un des époux doit être constaté par un inventaire (2). C'est au mari qu'il incombe de faire dresser cet inventaire, qu'il s'agisse de meubles échus à lui-même ou à sa femme. Aussi, l'inobservation de cette formalité n'entraînera-t-elle pas les mêmes effets pour lui que pour la femme.

19. — a) *Mari.* — A défaut d'inventaire du mobilier par lui recueilli, le mari ne pourra en exercer la reprise que s'il produit un titre propre à justifier de sa consistance et valeur. Cette expression comprend, nous l'avons dit, toute espèce d'écrits propres à justifier sa demande, y compris un inventaire commercial ou les registres et papiers domestiques du défunt, sous réserve du pouvoir souverain des juges d'apprécier la valeur probante des écrits de cette

____

(1) En ce sens, Planiol, Ripert et Nast, n° 435, p. 478 ; Savatier, *op. cit.*, nos 5 et 39 ; Fargeaud, p. 241 et suiv.

(2) Cette règle est également énoncée dans les articles 1414 et 1415 pour la détermination de la part pour laquelle la communauté doit contribuer aux dettes des successions mixtes échues à l'un des époux.

nature qui ne sont pas des actes dressés en vue de constater un acte juridique. Il n'est pas nécessaire, qu'on le remarque bien, que les écrits produits par le mari aient date certaine. L'article 1504 n'exige pas cette condition qui, du reste, n'est pas de nature à s'appliquer quand il s'agit d'écritures telles qu'un inventaire commercial ou les registres et papiers domestiques. Et de même que la date certaine n'est pas nécessaire pour ces écritures, elle ne l'est pas davantage pour les écrits dressés en vue de constater un acte juridique.

En revanche, l'article 1504 ne permet pas au mari de faire la preuve par témoins ou simples présomptions (1).

20. — b) *Femme.* — Si le défaut d'inventaire porte sur un mobilier échu à la femme, celle-ci ou ses héritiers sont admis à faire la preuve de la valeur de ce mobilier, soit par titres, soit par témoins, soit même par commune renommée (art. 1504, 3º al., dont il faut rapprocher l'art. 1415, 1er al.). Cette solution est équitable, la femme ne doit pas supporter les conséquences de la négligence de son mari qui n'a pas rempli son devoir comme administrateur des propres de celle-ci (2).

----

(1) L'article 1415 qui vise le cas où le mari réclame une récompense à la communauté pour la part contributoire incombant à celle-ci dans les dettes d'une succession mixte qu'il a recueillie durant le mariage, applique les mêmes règles que l'article 1504. Tout d'abord il assimile les registres et papiers domestiques aux autres titres, et réserve à la femme seule la preuve par témoins et par la commune renommée.

(2) Que décider dans le cas où le mari ayant fait dresser inventaire du mobilier échu à la femme, celle-ci soutiendrait que certains objets n'y ont pas été mentionnés. La femme pourrait-elle encore faire la preuve par tous moyens ou devrait-elle produire un écrit par application de l'article 1341 qui décide qu'il n'est reçu aucune preuve par témoins contre et outre le contenu aux actes? A notre avis, il n'y a pas lieu d'appliquer ici cette disposition, car la femme n'a pas été partie à la rédaction de l'inventaire; de plus, un inventaire incomplet ne remplit pas les prescriptions de la loi; il n'y a pas à en tenir compte. La femme pourra donc prouver par tous moyens. En ce sens, Cass., 28 nov. 1866, S. 67.1.110; mais *contrà*, Req., 20 juin 1883, D. P. 84.1.230, S. 85.1.107, qui déclare que la femme doit faire la preuve dans ce cas par écrit ou, tout au moins, produire un commencement de preuve par écrit. V. également *contrà*, Baudry-Lacantinerie, Lecourtois et Surville, t. 1, nº 563; Aubry et Rau, 5ᵉ éd., t. VIII, § 522,

Il en serait autrement, bien entendu, si la femme avait, au moment où le mobilier lui est échu, l'administration de ses propres. Elle serait alors réduite aux mêmes modes de preuve que le mari.

21. — *Preuve de la réception des deniers par la communauté.* — Il convient de noter que, quand il s'agit de reprises en valeur, l'article 1504 ne traite pas de la question de la réception par la communauté des effets réclamés. Mais il est aisé de suppléer à son silence.

Pour la femme, elle sera dispensée de cette preuve, car, en tant qu'administrateur de ses biens, le mari doit demander le paiement des sommes qui lui sont dues (1).

Quant au mari, il devra faire la preuve que les deniers ont bien été reçus par la communauté. Mais, comme il n'aura pas d'écrit pour constater ce versement, car, l'ayant reçu, c'est lui qui a donné quittance au débiteur, il pourra faire la preuve par tous moyens, mais non, bien entendu, par la commune renommée (2).

2° Preuve à l'égard des tiers.

22. — *L'article 1499, 1er alinéa.* — A l'égard des tiers, la preuve doit être établie *suivant le droit commun*, dit l'article 1499, 1er alinéa.

C'est là la grande réforme réalisée par la loi de 1924.

Désormais, l'époux (c'est-à-dire en pratique la femme) pourra faire la preuve de ses reprises à l'égard des tiers

texte et note 8. En notre sens, Planiol, Ripert et Nast, n° 438; mais voir d'autre part, le n° 320, p. 364.

Les mêmes règles doivent être appliquées au cas où il s'agit pour la femme de prouver l'existence d'un don manuel, car, ici encore, ce n'est pas à elle, à se réserver la preuve écrite, mais au mari. Il en est ainsi même si l'auteur du don manuel est le mari. V. pourtant en sens contraire, Civ., 6 févr. 1905, D. P. 1905.1.481, S. 1907.1.393, mais cet arrêt ne donne pas d'argument qui puisse justifier sa solution. Or, c'est toujours au mari à constater par écrit les meubles propres échus à sa femme. V. Naquet, note S. 1907. 1.393.

(1) V. Req., 18 janv. 1897, D. P. 97.1.127, S. 97.1.455, au sujet du prix d'aliénation d'un propre de la femme.

(2) Comp. Req., 10 nov. 1913, *Gaz. Pal.*, 8 janv. 1914, S. 1914.1.240.

suivant le droit commun. — A l'égard des tiers, suivant le droit commun, quel est le sens précis de ces deux expressions ?

23. — *Quel est ici le sens du mot tiers ?* — Le mot tiers désigne ici exclusivement les *créanciers de la communauté*. C'est avec ces créanciers, en effet, que la femme va se trouver en conflit au cas de faillite ou de déconfiture du mari. Or, il était courant, en doctrine et en pratique, de désigner ces créanciers sous le nom de tiers, dans cette question de la preuve des reprises et de parler de la preuve entre époux et de la preuve à l'égard des tiers. Ce sont donc les créanciers de la communauté et ces créanciers seulement que l'on doit ranger dans cette catégorie. Il faudrait bien se garder d'y comprendre les créanciers personnels de l'un des époux ou ceux de l'héritier de l'époux. Ces créanciers là n'ont pas plus de droit que leur débiteur, ils doivent être traités comme des ayants cause et non comme des tiers (1). Ainsi l'avait très justement décidé un arrêt de la Cour de Nancy du 1er juill. 1911, S. 1912.2.55, dans une espèce où la veuve se trouvait en conflit, pour l'exercice de ses reprises, avec le syndic de la faillite de sa fille, héritière de son père défunt. La veuve demandait à faire la preuve par tous moyens, à défaut d'inventaire dressé par son mari, d'une somme de 10.000 francs à elle échue par succession durant le mariage. Le syndic soutenait, au contraire, que la preuve ne pouvait être administrée que par inventaire ou état en bonne forme, mais la Cour a rejeté sa prétention et autorisé la femme à prouver par tous moyens.

De même, nous ne croyons pas que l'on doive consi-

____

(1) Ainsi, s'il y avait conflit entre le mari et des créanciers propres de la femme, qui ne seraient pas créanciers de la communauté, il faudrait appliquer les mêmes règles qu'au cas où la question de la preuve se pose entre époux. On pourrait être tenté d'invoquer en sens contraire l'article 1416, 2e alinéa, qui permet aux créanciers d'une succession échue à la femme et acceptée par elle avec l'autorisation de justice de saisir les biens communs, faute d'inventaire. Mais ceci est une autre question, et nous dirons plus loin que c'est par méprise que les rédacteurs de la loi de 1924 ont laissé subsister ce texte.

dérer comme des tiers les créanciers du mari, dont le droit
est né postérieurement à la dissolution de la communauté,
bien qu'un arrêt de Montpellier du 12 nov. 1924, D. P. 1925.
2.17, appliquant le droit antérieur à la loi de 1924, ait décidé
le contraire. Au dire de cet arrêt, le législateur aurait voulu
que la présomption de l'article 1499 pût être invoquée
chaque fois qu'un tiers se trouve intéressé à s'en prévaloir.
Nous ne saurions admettre cette interprétation. En traitant
les créanciers de la communauté comme des tiers, l'article 1499 fait échec à la règle que les créanciers n'ont pas
plus de droit que leur débiteur et, en conséquence, il faut
restreindre son application aux créanciers de la communauté. Il n'y a que ces créanciers qui méritent d'être
tout spécialement protégés. Ils le méritent, parce qu'ayant
traité avec les époux durant le mariage, ils ont dû comp-
ter sur la présomption en vertu de laquelle tout le mobilier
est réputé acquêt. Quant aux créanciers du mari posté-
rieurs à la dissolution, il n'y a aucune raison plausible pour
leur accorder la même faveur.

Au surplus, cette question a bien moins d'intérêt qu'autrefois, vu le système nouveau de preuve établi par la loi
de 1924.

24. — *En quoi consiste ce système de preuve.* — La
femme ne sera plus obligée, comme la jurisprudence le lui
imposait, de produire un inventaire ou état en bonne
forme. Qu'il s'agisse du mobilier présent ou du mobilier
futur, qu'il s'agisse d'une action en revendication ou d'une
reprise en valeur, elle pourra faire la preuve *suivant le
droit commun.* Que signifient ces mots ?

Tout d'abord, ils manifestent clairement la volonté des
rédacteurs de la loi d'écarter la preuve par témoins, comme
présentant trop de danger pour les créanciers de la communauté. Du reste, la preuve par témoins est proscrite en
notre matière, même entre époux ; l'article 1504, nous
l'avons vu, ne l'autorise qu'exceptionnellement pour le
mobilier futur et seulement dans l'intérêt de la femme
(comparer d'autre part, l'art. 1415, 1er alinéa et l'art. 4 de la
loi du 13 juill. 1907). Il eut donc été illogique de permettre

à la femme d'y recourir contre les créanciers de la communauté.

Quelques interprètes de la loi nouvelle ont prétendu toutefois que, malgré l'intention de ses rédacteurs, l'emploi de la preuve testimoniale serait admissible, à l'encontre des tiers, dans le cas où la femme demande à prouver qu'elle est propriétaire de certains objets mobiliers. A défaut de titre établissant son droit de propriété, elle peut prouver, disent-ils, que ces meubles ont été en sa possession antérieurement à son mariage ou en celle de ses auteurs avant de lui échoir, et produire à cet effet des témoins ou de simples présomptions, car il s'agit d'établir un fait matériel. Il en est ainsi en matière de reprises immobilières (art. 1402. V. *suprà*, nº 9), il en doit être logiquement de même pour les reprises mobilières (1).

Nous ne pouvons admettre ce système, parce qu'il ne tient pas compte de la volonté du législateur qui a été de proscrire en notre matière la preuve testimoniale. Il ne faut pas oublier que les parties se trouvent ici dans une situation bien différente de celle des plaideurs ordinaires qui se disputent la propriété d'un bien. La loi édicte une présomption en faveur de la communauté et elle ne permet pas à l'époux d'invoquer contre cette présomption la preuve par témoins, parce qu'elle la juge trop fragile. Enfin, il ne faut pas appliquer ici par analogie la règle relative aux immeubles. On comprend fort bien qu'en matière immobilière la loi autorise l'époux à prouver par tous moyens sa possession antérieure au mariage, car la possession d'un immeuble se manifeste par des faits matériels, visibles, que les tiers peuvent aisément connaître et dont ils peuvent rendre témoignage. De plus, l'expérience

(1) En ce sens, Savatier, *op. cit.*, nº 44; Lalou, *op. cit.*, nº 14. Ces auteurs, sentant du reste combien les conséquences de leur système seraient fâcheuses pour les créanciers, l'ont corrigé en admettant que les créanciers pourraient alors renoncer à leur qualité de tiers et agir, en vertu de l'article 1166, au nom du mari leur débiteur, pour contraindre la femme à faire la preuve conformément aux articles 1502 et 1504, 2ᵉ alinéa. V. Savatier, nºˢ 40 et 41; Lalou, nº 24.

prouve que les créanciers n'ont pas à craindre pour les immeubles les mêmes collusions que pour les meubles. La preuve par témoins de la possession d'un meuble antérieurement à son entrée en communauté serait nécessairement suspecte ; elle ne suffirait pas pour renverser la présomption de l'article 1499. Le législateur a eu raison d'écarter cette preuve dans l'intérêt même du crédit des époux.

Tenons donc pour acquis que la femme ne pourra pas prouver par témoins ou simples présomptions qu'elle était en possession des effets qu'elle revendique, antérieurement au mariage, ou que ses auteurs en étaient possesseurs (1).

Le recours à la preuve testimoniale ne sera pas davantage permis, même si la femme n'a pas pu se procurer elle-même une preuve écrite de son acquisition. Cela pourra arriver pour les meubles échus à la femme durant le mariage dont le mari n'aura pas fait dresser inventaire. La négligence du mari se retournera ici contre la femme elle-même, qui ne pourra pas employer contre les créanciers de la communauté la preuve par témoins, que l'article 1504, 3ᵉ alinéa, lui permet d'invoquer contre le mari ou les héritiers de celui-ci (2).

A cette affirmation, on pourrait objecter qu'en pareil cas le droit commun, auquel renvoie l'article 1499, permet la preuve testimoniale et que, dès lors, elle doit être admise. Si forte que paraisse l'objection, elle n'est pas décisive. L'intention des rédacteurs de la loi ressort clairement de la distinction qu'ils ont établie entre la preuve à l'égard des tiers et la preuve entre époux. Entre époux, dit l'article 1499, la preuve est réglée par l'article 1504. N'est-ce pas dire clairement qu'à l'égard des tiers, l'article 1504, 3ᵉ alinéa, ne s'applique pas ? Ceci montre que le droit commun auquel renvoie l'article 1499 n'est pas, ne peut pas être, le droit commun de la preuve des obligations écrit dans les articles 1315 et suivants du Code civil. Ce droit commun, c'est

(1) En ce sens, Fargeaud, p. 258 et suiv. ; Planiol, Ripert et Nast, nᵒ 441.
(2) En ce sens, Planiol, Ripert et Nast, nᵒ 441. *Contrà*, Lalou, nᵒ 14 ; Fargeaud, p. 258.

celui du régime de communauté. Or, nous l'avons dit, quand il s'agit de renverser la présomption édictée en faveur de la communauté par l'article 1499, le droit commun, c'est la preuve par écrit (1).

On comprend du reste aisément, pour peu qu'on compare la situation spéciale des parties entre lesquelles naît ici le conflit à celle des plaideurs dans un procès portant sur l'existence d'une obligation, pourquoi on ne peut appliquer en notre matière le droit commun de la preuve des obligations.

Dans un conflit relatif à l'existence d'une obligation, le demandeur invoque des actes ou des faits juridiques qui se sont passés entre le défendeur et lui, et il essaie d'en faire la preuve soit par des écrits, soit, quand la loi l'y autorise, par des témoignages ou des présomptions.

Ici, au contraire, la femme demande à prouver que certains meubles lui appartiennent, ou qu'elle est créancière de la communauté, et elle se prévaut, pour y parvenir, d'actes auxquels les créanciers n'ont été ni parties, ni représentés, puisqu'ils sont considérés comme des tiers. De là, le droit pour la femme d'invoquer toutes sortes d'écrits pouvant justifier sa prétention, mais de là aussi, la prohibition de se servir de la preuve testimoniale. On conçoit, en effet, que cette preuve, portant sur des faits auxquels les créanciers n'ont pas été parties, faciliterait trop la fraude, car les créanciers seraient hors d'état de contester les dépositions des témoins ou la valeur des présomptions invoquées. Enfin, on peut ajouter que la femme ne se trouve jamais, à l'égard des créanciers, dans l'impossibilité de se procurer une preuve écrite de ses apports, car elle est représentée par son mari qui administre ses biens, et elle ne peut pas invoquer contre les créanciers la faute ou la négligence de son représentant.

____

(1) En ce sens, Planiol, Ripert et Nast, n° 441. Comme le fait observer M. Nast, n° 441, « l'intérêt qu'il y a à fonder l'exclusion de la preuve testimoniale sur les textes de la communauté et non sur l'article 1341, c'est que la preuve testimoniale sera interdite même pour les meubles d'une valeur non supérieure à 150 francs.

25. — *Conclusion.* — Nous arrivons donc à cette double conclusion :

1° Qu'à l'égard des créanciers, la femme ne peut jamais prouver ses reprises par témoins ;

2° Qu'elle peut en revanche en faire la preuve par toutes sortes d'écrits propres à justifier de son droit, même par les registres et papiers domestiques de son mari ou de ses auteurs, sous réserve du pouvoir d'appréciation du juge, pouvoir d'appréciation qui est ici plus nécessaire encore que quand elle est en présence du mari ou de ses héritiers, puisqu'il s'agit d'écrits auxquels les créanciers n'ont été ni parties, ni représentés. Nous n'hésitons pas, en effet, à admettre, pour les raisons ci-dessus exposées, que la femme peut invoquer à l'égard des tiers, comme envers son mari, toutes sortes d'écrits, car c'est la conséquence logique de ce fait que la femme se prévaut d'écrits émanés d'autres personnes que celles contre lesquelles elle plaide (1).

Ainsi et en résumé, nous répétons que le droit commun auquel renvoie l'article 1499, n'est pas et ne peut pas être, comme on l'a prétendu (2), celui des articles 1315 et suivants du Code civil, mais le droit commun du régime de communauté.

Telle est la conclusion à laquelle nous aboutissons. Nous n'affirmerions pas que cette conclusion ait été nettement aperçue par les auteurs de la loi de 1924. Nous croyons qu'en réalité ils n'ont pas approfondi la question, ou plutôt qu'en parlant de droit commun ils ont eu simplement en vue l'interdiction de la preuve testimoniale.

26. — *De la date certaine.* — Le titre produit par la femme contre les créanciers doit-il avoir date certaine ? Les commentateurs de la loi se prononcent pour l'affirmative (3). Nous pensons, quant à nous, qu'il y a lieu de dis-

---

(1) Bien entendu, il va sans dire que la femme pourrait également invoquer l'aveu ou le serment des créanciers. Mais, au contraire, l'aveu ou le serment du mari ne ferait pas preuve à son profit, car ils pourraient trop aisément cacher une collusion des deux époux.

(2) En ce sens, Fargeaud, p. 265.

(3) Fargeaud, p. 265 et suiv. ; Lalou, n° 19 ; Savatier, n°° 32, 33.

tinguer suivant les cas. S'il s'agit d'un écrit dressé pour constater un acte juridique, par exemple, l'acquisition d'un meuble, la date certaine est obligatoire. Les créanciers sont des tiers à l'égard de la femme et par conséquent ils peuvent se prévaloir de l'article 1328 du Code civil. Au surplus, l'absence de date certaine les exposerait au danger d'une antidate, danger particulièrement pressant pour eux, qui ont toujours à craindre les collusions des époux tendant à faire considérer comme propres à la femme des meubles communs.

Si donc les époux, au lieu de constater leurs apports dans leur contrat de mariage, dressent un acte sous seing privé pour s'en réserver la preuve, cet acte ne sera opposable aux créanciers que s'il a été enregistré. Cette obligation de l'enregistrement détruit tout l'intérêt que peuvent avoir les époux à ne pas mentionner leurs apports dans leur contrat, car cet intérêt est précisément d'éviter le paiement du droit d'apport.

Quand, au contraire, les écrits produits par la femme sont des quittances ou des écrits non dressés en vue de faire preuve de la passation d'un acte juridique, comme les registres et papiers domestiques, la date certaine n'est pas nécessaire. Pour les quittances, on sait qu'en pratique elle n'est pas exigée, et elle ne peut l'être pour les registres et papiers domestiques à l'égard desquels les juges disposent du reste d'un pouvoir souverain d'appréciation.

A l'inverse, certains auteurs (1) ont prétendu que la date certaine n'était jamais nécessaire, ou tout au moins ne l'était pas lorsque la femme exerce une reprise à titre de créancière, en se fondant sur ce que la loi nouvelle a supprimé dans l'article 563, 2ᵉ alinéa, 1ᵉ, les mots « par acte ayant date certaine ». Mais cette interprétation nous semble inexacte, ainsi que nous allons le démontrer au numéro suivant.

27. — *Reprises en valeur. L'article 563 C. comm.* — L'article 1499 ne distingue pas entre les reprises en nature

(1) Planiol, Ripert et Nast, nᵒ 439, p. 482.

et les reprises en valeur. Pour les unes et les autres, la preuve doit donc se faire d'après le droit commun.

Il va de soi, notamment, que si les titres écrits produits par la femme ne suffisent pas à établir l'identité des meubles qu'elle a apportés en dot ou recueillis durant le mariage par sucession ou donation, elle peut toujours se porter créancière de leur valeur. C'est ce que dit formellement le nouveau texte de l'article 560 du Code de commerce, qui déclare qu'à défaut par la femme de prouver l'identité de ses apports, elle pourra en exercer la reprise comme créancière du mari.

Dans le cas où la femme réclame des deniers provenant d'une créance propre payée pendant le mariage entre les mains du mari, il ne suffit pas qu'elle prouve l'origine de sa créance, il faut encore qu'elle établisse que le mari en a touché le montant. Comment fera-t-elle cette preuve? C'est l'article 563, 2ᵉ alinéa, 1ᵉ, du Code de commerce, qui répond à cette question. D'après l'ancien texte, la femme ne pouvait invoquer son hypothèque légale sur les immeubles de son mari contre la faillite, qu'à la condition de prouver *par un acte ayant date certaine* la délivrance ou le paiement des deniers et effets mobiliers apportés par elle en dot ou à elle advenus depuis le mariage par succession ou donation.

La loi nouvelle a supprimé les mots « par acte ayant date certaine ». Que faut-il conclure de cette suppression? On a discuté sur sa portée. D'après les uns, elle ne dispense pas la femme de prouver la délivrance ou le paiement par écrit; elle ne vise que la nécessité de la date certaine. La femme devrait donc toujours produire un écrit, par exemple une quittance du mari, mais il ne serait pas nécessaire que cet écrit eût date certaine. D'après les autres, le législateur a voulu autoriser tous les moyens de preuve pour la réception des deniers, même la preuve par témoins ou par des présomptions tirées des faits.

C'est à la seconde de ces interprétations que nous nous rallions, comme étant la plus simple et la plus plausible. Si la loi nouvelle avait entendu maintenir la nécessité d'un écrit et ne viser que la date certaine, elle n'aurait pas supprimé purement et simplement les mots « par acte ayant date certaine », mais les aurait remplacés par ceux-ci : « par acte même n'ayant pas date certaine ». Ajoutons que cette preuve de la réception des deniers est une preuve subsidiaire venant s'ajouter à celle de la preuve de l'origine propre de la créance. On comprend que, pour cette preuve subsidiaire, la loi se montre moins exigeante que pour la première, qui est la principale, et admette l'emploi de tous les moyens de preuve. L'admission de la preuve par témoins est ici d'autant plus plausible que la quittance donnée par le mari se trouve entre les mains du débiteur et que bien souvent la femme ne peut en conséquence la produire.

28. — *L'article 558 du Code de commerce.* — Il convient de rappeler ici l'anomalie, déjà signalée par nous (*suprà*, n° 10), qui résulte du fait que la loi nouvelle a omis de modifier l'article 558 du Code de commerce. D'après ce texte, quand la femme revendique contre la faillite du mari des immeubles acquis en emploi de deniers propres, elle doit prouver par inventaire ou acte authentique l'origine de ces deniers. Quand, au contraire, il n'y a pas eu emploi, la femme peut aujourd'hui faire la preuve de l'origine de sa créance par toutes sortes d'écrits. Il y a là une différence qui ne s'explique pas et qu'il y aurait lieu de faire disparaître en mettant l'article 558 en accord avec l'article 1499.

3° *Modification apportée à l'article 1510 et ses conséquences.*

29. — L'article 1510 détermine l'effet de la clause de séparation des dettes. Cette clause, dit-il, oblige les époux « à se faire, lors de la dissolution de la communauté, respectivement raison des dettes qui sont justifiées avoir été acquittées par la communauté, à la décharge de celui des époux qui en était débiteur ». En d'autres termes, si la communauté a payé une dette propre à l'époux, celui-ci lui en doit récompense. « Cette obligation est la même, ajoute le texte, soit qu'il y ait eu inventaire ou non », c'est-à-dire soit que le mobilier apporté par l'époux ait été ou non inventorié; proposition inutile à la vérité, car il est bien évident que le défaut d'inventaire ne saurait supprimer l'obligation de la récompense (1).

La loi nouvelle n'a rien changé à ces dispositions. Mais le texte ancien de l'article 1510 précisait en outre quels sont les droits des créanciers antérieurs de l'époux sur les biens communs : « S'il n'y a pas eu, disait-il, inventaire ou état authentique antérieur au mariage, les créanciers de l'un et de l'autre des époux peuvent, sans avoir égard à aucune des distinctions qui seraient réclamées, poursuivre le paiement sur le mobilier non inventorié, comme sur tous les autres biens de la communauté. Les créanciers ont le même droit sur le mobilier échu aux époux pendant la communauté, s'il n'a pas été pareillement constaté par un inventaire ou état authentique ». Si donc, au contraire, le mobilier présent ou futur de l'époux avait été constaté par inventaire ou état authentique, les créanciers personnels de cet époux n'avaient comme gage que ce mobilier et non les autres biens de la communauté (2).

La loi du 29 avril 1924 a supprimé toute cette dernière partie de l'article 1510 concernant le droit de poursuite des créanciers personnels de l'époux.

30. — *Raison de cette suppression.* — Quelle est la raison d'être de cette suppression? On ne la voit pas au premier abord, puisque l'article 1510 n'a pas trait à la preuve des reprises. N'est-ce pas, comme on l'a dit (3), le

---

(1) Cette phrase que les rédacteurs de la loi de 1924 ont conservée alors qu'ils ont supprimé la suite de l'article, a encore bien moins de raison d'être qu'avant.

(2) Cette règle s'appliquait-elle non seulement aux créanciers de la femme mais aussi aux créanciers du mari? La question était discutée. Beaucoup d'auteurs se prononçaient pour la négative à cause des pouvoirs du mari sur la communauté et pour la raison que les biens du mari et de la communauté formant une masse unique, tous les créanciers du mari ont le droit de saisir les uns et les autres sans distinction. En ce sens, Planiol, Ripert et Nast, n°° 386, 387; Ambroise Colin et Capitant, 4° éd., t. III, p. 130. Comp. Baudry-Lacantinerie, Lecourtois et Surville, t. II, n° 1360.

(3) Savatier, n°° 28, 29, 62 à 68 ; Lalou, n° 28.

résultat d'une erreur sur la signification de ce texte? Nous ne partageons pas cette opinion. Les rédacteurs de la loi de 1924 ne se sont pas mépris sur l'hypothèse visée par cet article; ils n'ont pas cru qu'il réglait lui aussi la preuve des reprises. S'ils l'ont modifié, c'est parce que la Cour de cassation en tirait un argument d'analogie, dont on ne peut nier la force, pour soutenir que la femme devait opposer aux créanciers de la communauté un inventaire ou un état authentique. De même, disait-elle, que sous le régime de communauté d'acquêts ou sous l'empire de la clause de séparation de dettes, le mari ne peut soustraire les biens communs à la poursuite des créanciers de la femme antérieurs au mariage, qu'à la condition d'avoir constaté par un inventaire le mobilier apporté par elle, de même, la femme ne peut exercer ses reprises mobilières à l'encontre des créanciers de la communauté qu'en produisant un inventaire ou un état authentique. L'analogie de ces deux situations ne comporte-t-elle pas, en effet, qu'elles soient réglées de la même façon? Dès lors, du moment qu'ils supprimaient la nécessité de l'acte authentique pour la preuve des reprises, les rédacteurs de la loi ne devaient-ils pas également la supprimer dans l'article 1510, afin de permettre au mari de prouver contre les créanciers de la femme antérieurs au mariage la consistance des apports mobiliers de celle-ci? N'eût-il pas été illogique de conserver l'obligation de l'inventaire dans l'article 1510, alors qu'on l'écartait dans l'article 1499? La loi de 1924 n'a-t-elle pas agi sagement en appliquant la même règle dans les deux cas?

Il est vrai qu'on peut alors reprocher à ses rédacteurs de n'avoir pas complété la réforme en modifiant également les articles 1416 et 1417 qui, sous le régime de communauté légale, règlent le droit de poursuite des créanciers des successions en partie mobilières et en partie immobilières échues à l'un des époux. Ces articles décident, en effet, que si la femme a accepté la succession comme autorisée de justice au refus du mari, les créanciers héréditaires peuvent poursuivre tous les biens communs, qaund le mari n'a pas fait constater le mobilier de la succession par un inventaire. Ici donc l'inventaire reste obligatoire. La logique aurait exigé qu'on supprimât, dans ce cas comme dans les autres, l'obligation de l'inventaire et qu'on permit au mari de faire preuve par d'autres moyens, mais ce défaut d'harmonie est léger, car les articles 1416 et 1417 ne concernent que la communauté légale et non la communauté d'acquêts, pour laquelle on appliquera par analogie l'article 1510, et, de plus, il est bien rare qu'une femme en soit réduite à demander l'autorisation de justice pour accepter une succession.

31. — *Conséquences de la modification de l'article 1510.* — Il faut distinguer entre les créanciers du mari et ceux de la femme.

A l'égard des créanciers de la femme antérieurs au mariage, et en vue de limiter leur droit de poursuite au mobilier apporté par elle, le mari pourra prouver la consistance de ce mobilier par tous titres écrits, même par les mentions des registres et papiers domestiques. Mais il ne pourra pas recourir à la preuve par témoins. Ces solutions résultent de l'assimilation établie par la loi nouvelle entre l'article 1499 et l'article 1510. Sa volonté d'établir le même régime de preuve dans les deux cas n'est pas douteuse.

Quant aux créanciers du mari antérieurs au mariage, la réponse dépend de la solution que l'on adopte sur le point de savoir si la clause de séparation des dettes leur est ou non opposable.

Décide-t-on qu'elle leur est opposable comme aux créanciers de la femme, alors on pourra prouver contre eux par tous titres ou écrits constatant la consistance du mobilier apporté par leur débiteur, afin de limiter leur droit de poursuite à ce mobilier.

Que si, au contraire, on admet avec nous, que la clause ne leur est pas opposable (V. *suprà*, nᵒ 29, note 2), il ne peut être question de leur interdire de poursuivre les biens communs (1).

---

(1) En ce sens, Planiol, Ripert et Nast, nᵒ 387.

§ 3. - – *Questions diverses.*

Il reste, pour compléter l'étude de la loi de 1924, à comparer ses prescriptions avec celles de la loi du 13 juill. 1907, à décider s'il faut en étendre l'application aux régimes matrimoniaux autres que la communauté, et enfin si elle doit s'appliquer aux liquidations de communauté existant entre époux mariés avant sa promulgation.

32. — I. *Comparaison de la loi de 1924 et de l'article 4 de la loi du 13 juill. 1907.* - - Nous avons dit que la loi nouvelle n'a pas modifié l'article 4 de la loi du 13 juill. 1907 qui règle la preuve des biens réservés. Les différences entre ces deux lois sont les suivantes :

D'après l'article 4 de la loi de 1907, la femme peut, « tant vis-à-vis de son mari que vis-à-vis des tiers, établir par toutes preuves de droit, même par témoins, mais non par la commune renommée, la consistance et la provenance de ses biens réservés ».

Ainsi, les modes de preuve autorisés par la loi de 1907 sont les mêmes à l'égard du mari qu'à l'égard des tiers.

La femme peut faire la preuve non seulement au moyen de titres écrits, mais aussi par témoins et par conséquent par des présomptions tirées des faits.

En revanche, elle ne peut jamais, même à l'encontre du mari, recourir à la commune renommée, ce qui se comprend du reste fort bien, puisque c'est elle qui administre ses biens réservés.

Si cette dernière différence entre les deux systèmes de preuve est justifiée, il n'en est pas de même des deux autres ; et il eût été préférable de les supprimer en appliquant les mêmes règles de preuve dans les deux cas. Il n'y a pas de raison de permettre à la femme l'emploi des témoignages pour prouver la consistance et l'origine des biens réservés à l'encontre des tiers. Il y en a d'autant moins que c'est elle qui les administre, et en conséquence, on devrait décider que, même à l'égard du mari ou de ses héritiers, la preuve devrait toujours se faire par écrit.

Il n'est pas douteux qu'il y a entre la loi de 1907 et celle de 1924 un défaut d'harmonie qu'il eut été bon d'éviter.

33. — II. *De la preuve des reprises de la femme sous les régimes autres que la communauté.* — Faut-il appliquer les articles 1499, 1502 et 1504 à la preuve des reprises des époux sous les régimes matrimoniaux autres que la communauté (régime dotal sans société d'acquêts, séparation de biens, régime sans communauté) ?

Observons tout d'abord que la question ne se pose que pour la femme. Pour le mari elle ne se conçoit pas, du moment qu'il n'existe pas de masse commune. Elle ne peut se présenter que pour les biens de la femme administrés par le mari, biens dont il doit la restitution au jour de la dissolution du régime ou du mariage. Ainsi réduite, la question doit se résoudre par la négative, pour cette raison décisive qu'on ne peut étendre à des régimes non communautaires des règles qui ne s'expliquent que par l'existence d'une communauté entre époux (1).

Il faut faire exception toutefois pour le régime sans communauté, que le Code considère comme une simple clause modificative de la communauté et auquel, en conséquence, on applique les règles de la communauté à l'effet de compléter les quelques articles (1530 à 1535) compris dans la section consacrée à cette clause. Cette extension se justifie du reste par cette idée que le mari a, sous ce régime, l'administration des biens de la femme, comme sous le régime de communauté. Il est donc juste de donner à la femme, qui réclame ses reprises contre le mari, les facilités de preuve que lui accorde l'article 1504, pour le mobilier à elle échu durant le mariage. Ici, comme sous la communauté, il ne faut pas qu'elle souffre de la négligence du mari qui a omis de faire dresser un inventaire. Et de même, il est juste d'appliquer à l'égard des tiers l'article 1499.

Il en va tout autrement, au contraire, pour la séparation de biens, quoique le Code la considère, elle aussi, comme une

---

(1) *Contrà*, Savatier, n°⁵ 69 à 71; Rennes, 27 févr. 1923, *Gaz. Pal.*, 1923.2.35.

clause se rattachant à la communauté (art. 1536 à 1539). Mais entre ces deux régimes la différence est trop grande pour qu'on puisse appliquer les mêmes règles. D'abord, la femme séparée, conservant l'administration de ses biens, n'aura pas, en principe, à faire la preuve de ses reprises. Elle ne devra y recourir que si elle a confié au mari l'administration de ses biens ou la lui a laissé prendre, et, dans ces cas, le mari n'est qu'un mandataire conventionnel ou de fait auquel la femme peut toujours retirer l'administration. Il n'y a donc pas de raison pour lui permettre de faire la preuve à l'égard de son mari par la commune renommée. Les moyens de droit commun doivent suffire. Sans distinguer entre le cas où la femme réclame sa dot au mari ou à ses héritiers et ceux où elle est en présence des créanciers, nous appliquerons donc ici les règles du droit commun de la preuve des obligations.

De même, lorsque les époux sont mariés sous le régime dotal sans société d'acquêts, il n'y a pas lieu davantage d'appliquer les règles édictées pour la communauté (1), pas plus qu'on ne doit appliquer à la communauté la présomption de l'article 1569 dont nous avons déjà parlé (*supra*, n° 16). Il faut décider, en conséquence, que la femme dotale pourra administrer la preuve de la consistance de la dot d'après les règles du droit commun. Si donc, elle s'est constituée elle-même sa dot, elle fera la preuve de la consistance des biens dotaux, s'ils excèdent 150 francs, par écrit ou à l'aide d'un commencement de preuve par écrit corroboré par des témoignages. Si la dot a été constituée par un tiers, ou s'il s'agit de valeurs échues par succession durant le mariage, la femme n'aura qu'à prouver qu'elle a été dans l'impossibilité physique ou morale de se procurer une preuve écrite, et, dès lors, elle pourra administrer sa preuve par témoins ou, au besoin, au moyen de simples présomptions (2).

(1) En ce sens, Civ., 28 oct. 1908, D. P. 1909.1.169, note Capitant, S. 1911.1.89, note Wahl.
(2) Ambroise Colin et Capitant, 4° éd., t. III, p. 343. V. Civ., 22 mars 1882,

34. — III. *Point de départ de l'application de la loi.* — Reste enfin à rechercher s'il faut appliquer la loi nouvelle aux liquidations de communautés existant entre époux mariés antérieurement à sa promulgation. La question, que le législateur a omis de trancher, est complexe, car elle peut se poser : 1° pour les communautés dissoutes et liquidées au 29 avr. 1924; 2° pour les communautés dissoutes, mais dont la liquidation n'était pas encore terminée à cette date; 3° pour les communautés existant encore à ce jour.

35. — 1° *Communautés dissoutes et liquidées antérieurement au 29 avr. 1924.* — Le principe de non-rétroactivité proclamé par l'article 2 du Code civil s'oppose à ce qu'on applique une loi dans le passé, mais on sait que les lois interprétatives échappent à ce principe, parce qu'elles ne modifient pas le droit antérieur, dont elles précisent simplement la signification. Si donc la loi de 1924 avait eu pour objet unique d'interpréter l'article 1499 du Code civil, il en résulterait que toute liquidation de communauté (sauf celles remontant à plus de trente ans ou ayant donné lieu à un jugement définitif) pourrait être attaquée en vue de prouver, selon le droit commun, des apports mobiliers de la femme qui, faute d'inventaire ou état en bonne forme, auraient été compris dans l'actif de la communauté.

Peut-on donc considérer la loi de 1924 comme ayant simplement interprété l'article 1499? On a tenté de le soutenir en disant qu'elle a eu pour but principal de condamner la jurisprudence adoptée par la Cour de cassation, mais il ne faut pas s'arrêter à cet argument. La cour de Montpellier en a fait justice dans un arrêt du 12 nov. 1924, *Gaz. Pal.*, 7-8 déc. 1925, D. P. 1925.2.17, que les commentateurs ont tous approuvé sur ce point (1).

Il est indiscutable, en effet, que la loi a modifié le régime inauguré par le Code civil, puisqu'elle a supprimé la néces-

D. P. 82.1.337, S. 82.1.241 ; Toulouse, 9 mars 1910, *Le Droit*, 15 avril 1910.

(1) V. notamment, Savatier, note D. P. 1925.2.17 ; Fargeaud, *op. cit.*, p. 287.

sité de l'inventaire ou état en bonne forme. Dès lors, il faut décider sans hésiter qu'elle ne peut être invoquée en vue d'obtenir la révision des liquidations antérieures.

36. — 2° *Communautés en état de liquidation au moment de la promulgation de la loi.* — La question est plus délicate. La cour de Montpellier a été appelée à la juger à l'occasion d'un procès en cours, au moment de la promulgation de la loi, entre les héritiers d'une femme commune en biens et les créanciers du mari. Elle l'a résolue par la négative, dans l'arrêt susénoncé, pour cette unique raison que l'on doit appliquer à une affaire commencée la loi en vigueur au moment de l'assignation. C'est un argument qui paraît spécieux, car il est de règle que les plaideurs ne doivent pas souffrir des lenteurs de la justice et que le juge doit se placer au jour de la demande pour apprécier le fondement de leurs prétentions. Mais il est inopérant, car la règle sur laquelle il se fonde ne s'applique qu'aux faits invoqués par les parties. C'est pour juger de l'exactitude de ces faits que le tribunal doit se placer au moment où l'instance est introduite. Cette règle ne concerne nullement le point de savoir quel est le droit que le juge doit appliquer, question toute différente qui met uniquement en jeu le principe de non-rétroactivité.

Il y aurait, du reste, un meilleur argument à faire valoir à l'appui de la solution négative admise par la cour de Montpellier. Il s'agit, en notre matière, de l'admissibilité de certains modes de preuve, or l'admissibilité d'un mode de preuve se détermine d'après la loi en vigueur au moment où a lieu le fait ou l'acte qu'il s'agit de prouver (1), solution imposée par l'équité, car il serait injuste qu'un individu se vit privé par une loi nouvelle d'un mode de preuve que la loi ancienne lui permettait d'invoquer. Dès lors, pourrait-on dire, la femme mariée ne peut faire la preuve de ses reprises que d'après les règles en vigueur au moment où

---

(1) Req., 7 juill. 1874, D. P. 76.1.439 ; Civ., 26 juin 1889, D. P. 91.1.429, S. 93.1.525 ; Planiol, t. I, n° 245 ; Ambroise Colin et Capitant, 4° éd., t. I, p. 55 et 56 ; Aubry et Rau, 5° éd., t. I, § 30, texte et note 66, p. 128.

s'est produit le fait qu'elle veut établir, c'est-à-dire au moment de l'entrée en communauté des apports qu'elle demande à prélever (1).

Mais si fort qu'il paraisse, cet argument n'est pas davantage convaincant. Il faut bien remarquer, en effet, qu'en l'espèce il ne s'agit pas d'enlever à la femme le droit d'invoquer un mode de preuve dont elle pouvait se prévaloir, mais bien au contraire, de lui permettre d'user de moyens qui lui étaient auparavant interdits. Or, le principe en vertu duquel la preuve doit être administrée conformément au droit en vigueur au jour du fait ou de l'acte contesté, ne vise que la première hypothèse, celle d'une loi interdisant un mode de preuve antérieurement permis, et il faut bien se garder de l'étendre au cas opposé, sous peine de tomber dans l'injustice (2). Il n'y a aucune raison pour refuser à un plaideur l'emploi d'un procédé de preuve autorisé par une loi nouvelle, car tout moyen légal qui tend à établir l'exactitude d'une prétention doit être accueilli par le juge. En matière de contestation, il ne faut négliger aucun procédé légal permettant au juge de former sa conviction. Le créancier auquel on oppose cette preuve nouvelle, auparavant interdite, ne saurait prétendre qu'on viole son droit. Pour employer la terminologie courante en jurisprudence, il n'y a pas *droit acquis* en sa faveur. Un droit acquis, c'est une prérogative établie, définitive que l'on oppose à autrui, et dont les tribunaux ne pourront contester l'existence. Or, ce n'est pas du droit des créanciers qu'il s'agit ici, mais du droit (de propriété ou de créance) de la femme contre la communauté, et la seule question est de savoir comment elle peut le prouver. Il ne nous paraît donc pas possible de soutenir que les créanciers ont un droit acquis à ce que la femme fasse la preuve contre eux par inventaire. L'ad-

(1) V. Viatte, *op. cit.*, p. 429.
(2) V. ma note, D. P. 1917.1.82, col. 1; V. également en ce sens, Baudry-Lacantinerie et Houques-Fourcade, *Des personnes*, 3ᵉ éd., t. I, nᵒ 174; Aubry et Rau, 5ᵉ éd., t. I, § 30, t. et nᵒ 66, p. 128; Gastambide, note D. P. 1913.2.331; Savatier, note D. P. 1925.2.17.

mettre serait détourner cette expression de droit acquis de son sens naturel.

Nous concluons donc avec la majorité des commentateurs de la loi qu'il faut appliquer celle-ci aux liquidations de communautés non encore terminées (1).

37. — *3° Communautés en cours au moment de la promulgation.* — Il résulte de nos explications que toutes les femmes communes qui seront appelées à exercer leurs reprises dans l'avenir pourront en faire la preuve suivant le droit commun. Au contraire, le système qui applique rigoureusement à notre matière la règle que la preuve doit être administrée conformément à la loi en vigueur au jour auquel s'est produit l'acte ou le fait contesté, conduirait ses partisans à une distinction entre les apports effectués avant la promulgation de la loi et les meubles acquis postérieurement. Pour les premiers, la preuve devrait en être faite conformément au Code civil, et c'est seulement pour les seconds que la loi nouvelle pourrait être invoquée.

38. — *Conclusion.* — Le nouveau régime de preuve institué par la loi du 29 avril 1924 aura certainement pour effet de mettre un terme aux trop nombreux procès que la question des reprises faisait naître entre la femme ou ses héritiers et les créanciers de la communauté. Cette loi a donc réalisé une réforme utile. Nous ne croyons pas d'autre part qu'elle laisse les créanciers sans défense contre les collusions que pourraient tenter les époux malhonnêtes. Il faut bien se rappeler en effet que, d'après l'interprétation que nous avons exposée, la femme ne pourra faire la preuve de ses apports à leur égard qu'au moyen d'écrits. Jamais elle ne sera admise à invoquer des témoignages, ni de simples présomptions. Que si elle leur oppose des écrits d'ordre privé, tels que les registres et papiers domestiques, ces écrits ne feront pas preuve complète, et les juges auront le pouvoir d'en apprécier la sincérité et la force probante.

(1) V. Savatier, note D. P. 1925.2.17; Lalou, n° 31; Fargeaud, p. 293 et suiv.

Il est regrettable sans doute que le défaut de précision des nouveaux textes ait soulevé quelques divergences d'interprétation et que le législateur ait omis de rectifier quelques articles de nos Codes qui s'accordent mal avec le nouveau régime de preuve institué par lui, mais, après tout, ce sont là de légères imperfections qu'il serait aisé de faire disparaître.

On s'est demandé, d'autre part, quelles seraient les répercussions probables de cette loi sur la pratique. Notre collègue Savatier, dans sa très intéressante étude des *Lois nouvelles*, estime qu'elle aura pour résultat de rendre moins fréquentes les déclarations d'apports dans les contrats de mariage et les rédactions d'inventaires au moment de l'ouverture des successions qui pourront advenir aux époux durant la communauté. « Seule, dit-il, la résistance des notaires, conseils des contrats de mariage et intéressés à la survivance de l'inventaire, pourra mettre un frein au mouvement que nous prévoyons; elle n'en sera pas victorieuse ».

Il est bon d'insister un peu sur cette question et de montrer les inconvénients qu'aurait une telle pratique. Il serait bien imprudent d'encourager les époux à l'adopter; on risquerait de les exposer à de nombreux déboires et d'acculer la femme, en particulier, à des difficultés de preuve qui, bien souvent, pourraient entrainer, plus tard, la perte de ses reprises. Les notaires auront donc bien raison de rappeler à leurs clients que seul l'état en bonne forme garantit et assure leur droit de reprise.

Il n'y a aucun avantage, il y a beaucoup de danger à ne pas faire mention dans un contrat de mariage des apports mobiliers des époux. On croit qu'on peut y substituer un acte écrit sous seing privé dans lequel ces apports seront énumérés. Ce n'est pas exact, car tant que cet acte écrit n'aura pas été enregistré, — et s'il est enregistré, le fisc ne manquera pas de réclamer le droit d'apport, — il ne sera pas opposable aux tiers et ne pourra servir de preuve contre eux. C'est donc un calcul à courte vue que d'éviter de déclarer les apports dans un contrat de mariage.

Et de même, il sera toujours prudent de faire dresser un inventaire des meubles recueillis dans une succession. L'économie qu'il réalise en évitant d'y recourir peut coûter cher à l'époux, car il n'est jamais sûr d'avoir à sa disposition des modes subsidiaires de preuve, et si ces modes subsidiaires existent au moment de l'ouverture de la succession, il y a lieu de craindre qu'ils ne disparaissent plus tard.

Aussi, l'article 1504 du Code civil a-t-il bien raison de poser en principe que le mobilier qui échoit aux époux durant le mariage doit être constaté par un inventaire. Sans doute, c'est une déclaration un peu platonique, puisqu'elle n'est pas sanctionnée, mais elle n'en constitue pas moins un conseil utile, et le législateur de 1924 aurait agi sagement en laissant subsister la même déclaration dans l'article 1499 pour le mobilier existant lors du mariage. Les notaires agiront donc sagement en appelant l'attention des époux sur la nécessité de la déclaration des apports dans leur contrat de mariage et de la rédaction de l'inventaire des meubles qu'ils recueilleront par voie de succession durant leur vie commune.

Qu'on ne se méprenne pas du reste sur la portée de ces observations; elles ne détruisent en rien ce que nous avons dit au sujet de l'intérêt de la réforme réalisée par la loi nouvelle. Grâce à cette réforme, la femme pourra se porter créancière de ses reprises, dans les cas où le contrat de mariage ne fera pas l'énumération des meubles et des sommes apportés par elle, ce qui était impossible d'après la jurisprudence de la Cour de cassation. En outre, si l'on a omis de faire mention des apports au contrat ou de dresser inventaire des successions à elle échues, la femme pourra recourir à des moyens de preuve que le droit antérieur lui refusait. Telle est la portée, telle est l'utilité de la loi de 1924. On la détournerait de son véritable but en considérant qu'il n'y a plus lieu désormais de déclarer les apports des époux au contrat de mariage et de faire inventaire des successions qui pourront leur échoir pendant le mariage.

BAR-LE-DUC. — IMPRIMERIE CONTANT-LAGUERRE. 1925.